예수님과 함께 비전공과

[2학기 신약]

예수님과 함께 비전공과 전학년
[2학기 신약] (어린이용 교재)

초판 1쇄 발행 | 2018. 6. 1
초판 1쇄 인쇄 | 2018. 6. 1
교재 기획 | 김선미
교재 집필위원 | 정신일 김선미 이지선 김선률
자문위원 | 천준호 정신일 김영수 김동진 표경운 송지헌 최만호
남선우 정풍군
펴낸 곳 | 크리스천리더
편 집 | 이지선
교 정 | 성주희
일부 총판 | 생명의 말씀사 (02) 3159-7979
등 록 | 제 2-2727호(1999. 9.30)
주 소 | 부천시 원미구 중동 1289번지 팰리스카운티 아이파크상가 3층
전 화 | (032) 342-1979
팩 스 | (032) 343-3567
도서 출간 상담 | E-mail:chmbit@hanmail.net
Homepage | cjesus.co.kr/juwana.co.kr

ISBN : 978-89-6594-250-4 04230
978-89-6594-228-3 (세트)

정가 : 3,500원

Leadership
& Partnership
테마1.
재미있는
성경이야기
1년 52주 테마별 어린이 공과
only Jesus
예수님과 함께
비전공과
재미있게 배워요~^^
2학기
신약
전학년
(1~6학년)
어린이용
크리스천리더

교재의 구성

이 교재는 공과를 배울 때 재미와 흥미를 줄 수 있도록 노력하였습니다.
또한 성경말씀을 알고 이해하는데 초점을 맞추었습니다.
하나의 주제 설교+공과+활동+나눔+믿음생활의 실천까지 배우고 행동할 수 있도록 집필하였습니다.
어린이 여러분, 재미있게 배우세요.

첫번째 테마
재미있는 성경이야기

성경의 내용을 알고 싶어요!

성경은 정말 흥미진진한 이야기가 가득하답니다.
이번 과정은 구약과 신약의 주요 사건들을 재미있게 배울 것입니다.

천지창조, 노아의 홍수사건, 모세의 출애굽사건, 다윗과 골리앗의 전쟁, 엘리야의 기적의 사건, 그리고 신약에 와서 예수님의 놀랍고 신기한 기적 이야기, 십자가와 부활 사건, 그리고 예수님의 제자들이 열심히 전도하여 교회를 세운 이야기 등.

이제, 성경에 있는 아주 중요한 사건들 차근차근 배워 나갈 거예요.

이 과정을 1년 동안 배우고 나면 성경에 대해서 많이 알게 될 것이고
하나님께서 우리를 얼마나 사랑하고 계신지, 또한 우리를 위한 아주 놀라운 구원의 계획이 성경에 담겨 있다는 것을 알게 될 거예요.
열심히 공부합시다!

{교재 한눈에 보기}

첫번째 페이지

제목 매주 몇 과인지, 제목이 무엇인지 확인할 수 있어요.
외울말씀 흰 박스 안에 매과마다 중요한 요절 말씀이 기록되어져 있습니다. 꼭 외웁시다.
이야기 나누기 한 주만에 만난 친구들과 질문에 서로 답하며 이야기 나눠요.
성경이야기 들려주세요 설교 말씀의 내용을 기억하며 답이나 장면을 순서대로 기록해보세요.

두번째 페이지

말씀살피기 오늘 설교 말씀을 잘 기억하고 열심히 성경공부를 해봅시다.

20과 다윗과 골리앗

1. 이야기 나누기

2. 성경이야기 들려주세요

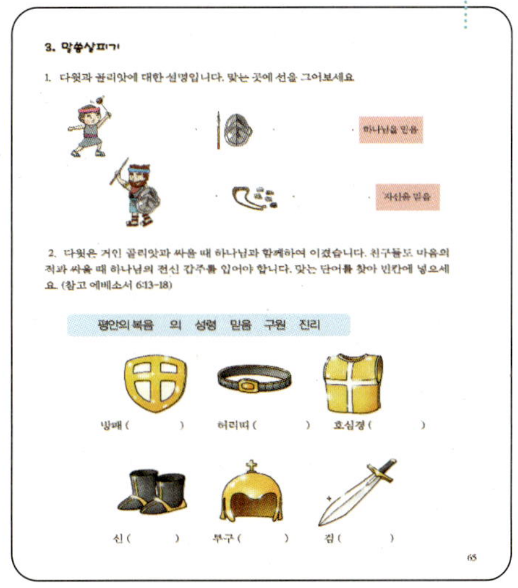
3. 말씀살피기

1. 다윗과 골리앗에 대한 설명입니다. 맞는 곳에 선을 그어보세요.

[나는 이렇게 노력하겠어.]

세번 째 페이지

의싸 의싸~ 활동해요

한 과를 마무리하면서 다양한 활동자료가 수록되어 있습니다. 만들고, 색칠하고, 쓰고, 생각하며 참여하면 어느새 어린 믿음이 쑥쑥 자랄 것입니다.

목 차

[2학기 신약과]

27과 우리의 구원자 예수님의 탄생

1. **성경본문** | 누가복음 1:26-2:20, 마태복음 1:18-2:11

2. **외울 말씀** | 아들을 낳으리니 이름을 예수라 하라 이는 그가 자기 백성을 그들의 죄에서 구원할 자이심이라 하니라 (마태복음 1장 21절)

3. **리더들의 외침** | 우리의 구원자로 이 땅에 오신 예수님!

4. **공과 주제** |
   1. 천사가 예수님의 탄생을 전했어요.
   2. 예수님은 성령으로 잉태되었어요.
   3. 우리의 구원자 예수님은 우리와 늘 함께 하시는 임마누엘이에요.

1. 이야기 나누기

내가 태어났을 때 어떤 일들이 있었고 부모님은 어떤 생각이 드셨었는지 내가 태어났을 때의 일들을 아는대로 나눠봅시다.

2. 성경이야기 들려주세요

아래 장면을 성경 이야기 들은 내용의 순서에 맞게 번호를 매겨 봅시다.

3. 말씀살피기

1. 하나님께서는 천사를 통해 아기 예수의 탄생을 알리셨어요. 만약 하나님께서 천사를 내게 보내신다면 천사로부터 어떤 소식을 듣고 싶은지 적어봅시다.

2. 괄호에 들어갈 말씀의 순서대로 맞게 된것은 몇번일까요?
모르면 성경을 찾아보도록 합시다.

보라 네가 잉태하여 아들을 낳으리니 그 이름을 (　　　)라 하라(누가복음 1:31)

보라 처녀가 잉태하여 아들을 낳을 것이요 그의 이름은 (　　　)이라 하리라 하셨으니 이를 번역한즉 (　　　)이 (　　　)와 함께 계시다 함이라(마태복음 1:23)

① 예수-임마누엘-하나님-우리　　② 요셉-예수-하나님-우리
③ 요셉-그리스도-하나님-우리　　④ 예수-예수-하나님-우리

{으쌰으쌰~활동해요}

예수님의 탄생을 마리아에게 전하는 천사

1. 준비물:크레파스나 색년필

천사가 마리아에게 예수님의 탄생을 전하고 있네요.
예쁘게 색칠해 보세요.

28과 마귀의 시험을 이기신 예수님

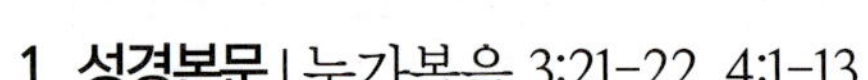
1. **성경본문** | 누가복음 3:21-22, 4:1-13

2. **외울 말씀** | 예수께서 대답하여 이르시되 기록된 바 주 너의 하나님께 경배하고 다만 그를 섬기라 하였느니라 (누가복음 4장 8절)

3. **리더들의 외침** | 성령 충만함을 입음으로 승리하는 하나님의 자녀가 되자!

4. **공과 주제** |
   1. 마귀 앞에서의 예수님의 모습을 본받아요.
   2. 성령 충만함을 입어 승리하는 어린이가 되어요..

1. 이야기 나누기

나에게 있어서 견디기 어려운 유혹은 무엇이고 그 유혹을 견디지 못하는 이유는 무엇인지 생각해보고 나눠봅시다.

2. 성경이야기 들려주세요

아래 장면을 성경 이야기 들은 내용의 순서에 맞게 번호를 매겨 봅시다.

3. 말씀살피기

1. 주일 예배시간에 예수님을 믿지 않는 친구가 전화해서 다음과 같이 말할 때 나는 어떤 대답을 해줄지 기록해봅시다.

친구의 말	나의 대답
"놀러가자"	
"함께 숙제하자"	
"게임하자"	

2. 다음은 마귀의 세 번의 유혹에 대적하여 예수님께서 하신 말씀입니다. 빈칸에 들어갈 알맞은 단어를 채워보세요.

첫 번째 유혹

기록 된 바 사람이 □ 으로만 살 것이 아니라 하였느니라 (눅4:4)

두 번째 유혹

주 너의 □□□ 께 경배하고 다만 그를 섬기라 하였느니라 (눅4:8)

세 번째유혹

주 너의 하나님을 □□ 하지 말라 하였느니라 (눅4:12)

{으쌰으쌰~활동해요}

틀린 그림 찾기

아이들이 신나게 수영을 하고 있네요.
윗그림과 아랫그림중에 틀린 그림을 찾아 아래 그림에 동그라미를 쳐봅시다.

29과 예수님께서 천국 복음을 전파하셨어요

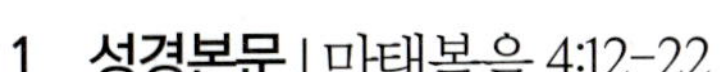

1. **성경본문** | 마태복음 4:12-22

2. **외울 말씀** | 이 때부터 예수께서 비로소 전파하여 이르시되 회개하라 천국이 가까이 왔느니라 하시더라 (마태복음 4장 17절)

3. **리더들의 외침** | 하나님 나라를 전파하는 어린이가 되자!

4. **공과 주제** |
   1. 어두움을 비취는 빛이신 예수님을 알아가요.
   2. 예수님과 동행한 제자들처럼 예수님을 따라요.
   3. 복음을 전하는 하나님 나라의 어린이가 되어요!

1. 이야기 나누기

내 주변에 아직 '복음'을 듣지 못한 사람이 있나요? 있다면 누구인지 이야기 해보고 그 사람을 위해 우리가 알고 있는 복음에 대해 이야기 해보세요.

2. 성경이야기 들려주세요

아래 장면을 성경 이야기 들은 내용의 순서에 맞게 번호를 매겨 봅시다.

3. 말씀살피기

1. 직업이 '어부'인 예수님의 제자들은 중요한 그물을 버려두고 예수님을 따랐어요. 내게 가장 중요한 일 세가지를 적어보고 아래 다짐에 사인해 봅시다.

내게 가장 중요한것 세가지

첫번째, --

두번째, --

세번째, --

" 하지만 가장 귀한 예수님을 제일 먼저 따르겠습니다."

서 약 자　　　　　　　　　　사인

2. 오늘의 말씀 본문에 예수님의 제자들이 나옵니다. 제자들의 이름을 올바르게 넣어보세요(마4:18,21).

절취선

절취선

{으쌰으쌰~활동해요}

[복음나팔 만들기]

[준비물] 풀, 가위, 실이나 노끈, 마분지

[방법] 1. 아래 그림을 모양대로 오려주세요.

2. 가위로 오리고 빗금친 부분을 풀로 붙에세요.

3. 미션! 만든 나팔을 입에 대고 "회개하라 천국이 가까웠느니라"를 먼저 외치면 승리!

30과 백부장의 믿음

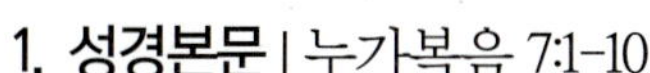

1. **성경본문** | 누가복음 7:1-10

2. **외울 말씀** | 보내었던 사람들이 집으로 돌아가 보매 종이 이미 나아 있었더라 (누가복음 7장 10절)

3. **리더들의 외침** | 믿음의 사람이 되자!

4. **공과 주제** |
   1. 예수님께서 백부장의 종을 낫게 해주셨어요.
   2. 백부장의 믿음을 본받아요.
   3. 무엇이든 예수님께 도움을 구하는 믿음의 어린이가 되어요.

1. 이야기 나누기

친구들 중에 '믿음이 좋다' 라고 생각한 친구가 있나요? 그렇게 생각한 이유는 무엇인가요?

2. 성경이야기 들려주세요

아래 장면을 성경 이야기 들은 내용의 순서에 맞게 번호를 매겨 봅시다.

3. 말씀살피기

1. 예수님께서 꼭 들어주셨으면 하는 나의 바람이 있다면, 그것은 무엇인가요? 한번 써보고 나누어볼까요?

2. 칠판에 '백부장'에 대한 글이 써져 있네요. 틀린 곳을 찾아 바르게 고쳐보세요.

〈백부장〉

백부장은 로마 군대 조직에서 100만 명의 군대를 거느린 지휘관이에요.
그에게는 병들어 앓고 있는 사랑하는 친구가 있었어요.
그래서 그 친구의 병이 낫기를 간절히 원했어요. 그러던 어느 날,
병을 고치는 능력의 예수님의 소문을 듣고 예수님께 종을 보내어
도움을 청했어요. 백부장은, 예수님이 꼭 낫게 해주실 것으로 믿었어요.
예수님은 그런 백부장의 믿음을 보시고 그의 친구를 낫게 해주셨어요.

{으쌰으쌰~활동해요}

백부장의 믿음, 전혀 다른 이야기 만들기 1

아래 4컷의 그림은 백부장의 믿음에 대한 성경이야기 입니다.
먼저, 그림이 어떤 내용인지 이야기를 나누어봅시다.
동일한 그림에 '백부장의 믿음'과 전혀 다른 이야기를 창작해서 각 장면마다 이야기를 적어봅시다.
모두 기록한 뒤 자신이 만든 새로운 이야기를 친구들에게 들려줍시다.

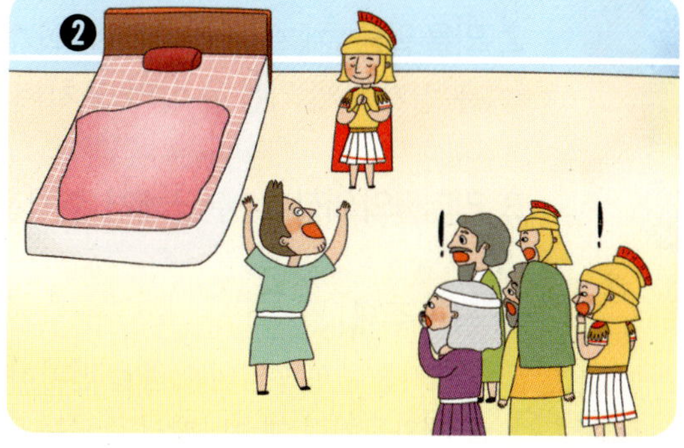

31과 예수님께서 제자들을 파송하셨어요

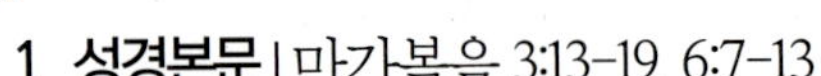

1. **성경본문** | 마가복음 3:13-19, 6:7-13

2. **외울 말씀** | 제자들이 나가서 회개하라 전파하고 많은 귀신을 쫓아내며 많은 병자에게 기름을 발라 고치더라 (마가복음 6장 12-13절)

3. **리더들의 외침** | 예수님께서 주시는 권능을 받아 예수님의 참 제자가 되자!

4. **공과 주제** |
   1. 제자들이 예수님의 이름을 전파하고 그 이름으로 능력을 나타내었어요.
   2. 제자들처럼 예수님께서 주시는 권능을 받아 예수님의 참 제자가 되어요!

1. 이야기 나누기

악기나 운동을 배울 때 처음엔 서툴렀지만 선생님께 열심히 배워서 잘하게 된 것이 있나요?

2. 성경이야기 들려주세요

아래 장면을 성경 이야기 들은 내용의 순서에 맞게 번호를 매겨 봅시다.

{으쌰으쌰~활동해요}

어린이 제자 확인증 만들기

예수님의 제자로서 권능을 받고 하나님 나라를 전파하는 어린이 제자가 되기를 기대하는 마음으로 아래의 확인증과 기대문을 작성해보세요. 모두 작성한 후에 점선을 가위로 오리고 가운데 부분을 뒤로 접어서 풀로 붙이세요.

점선대로 가위로 오려주세요

네모박스는 내 얼굴을 그려봅시다

가운데점선은 접어서 풀로 붙여주세요.

절취선

절취선

어린이 제자 확인증

이름 :

반 :

본받고 싶은 성경인물 :

위 어린이는 예수님의 제자임을 확인합니다.

서명자 : (사인)

예수님의 권능 바라기

1.

2.

3.

나 ________ 는(은) 위의 권능을 받기를 기대합니다.

3. 말씀살피기

1. 예수님께서 나에게 권능을 주신다면, 어떤 권능을 받고 싶나요?
기록해보고 어떻게 사용할지도 적어봅시다.

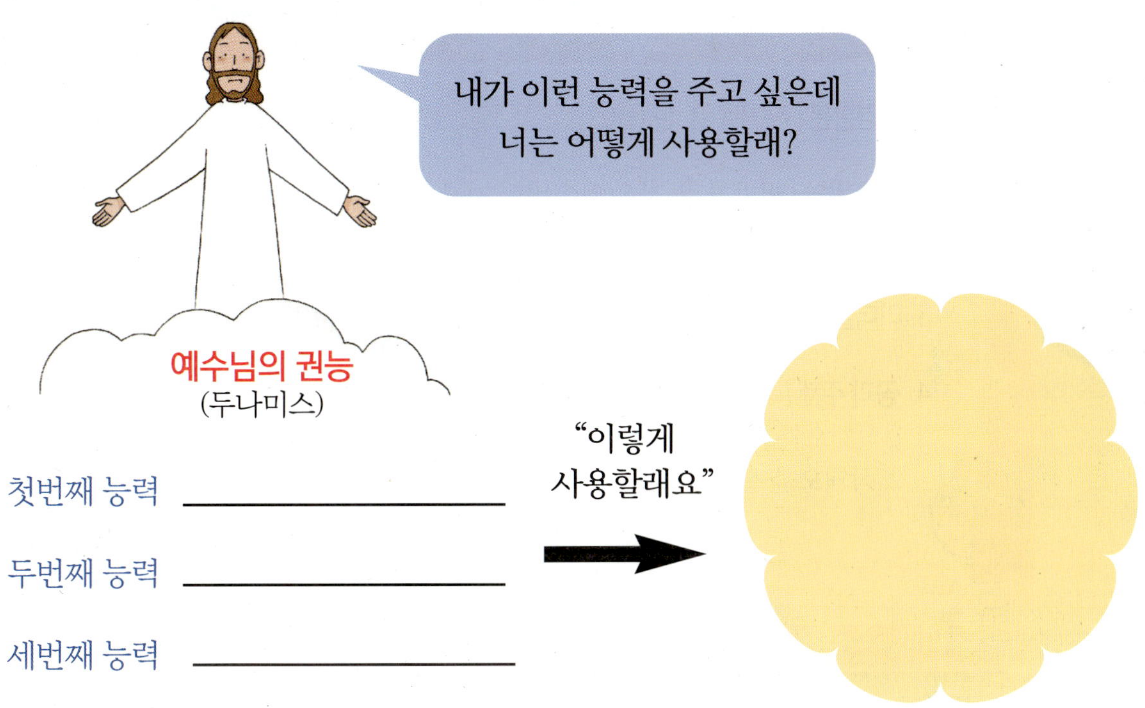

2 예수님의 제자들이 권능을 받고 가서 한 일 세 가지는 무엇인가요?(막6:12-13)
그림 안에 힌트가 있어요. 그림에 맞는 단어를 ____ 안에 작성하세요.

___ ___ 을 쫓아내심　　　복음 ___ ___　　　기름을 발라 ___ 을 치료하심

32과 예수님과 삭개오의 만남

1. **성경본문** | 누가복음 19:1-10
2. **외울 말씀** | 인자가 온 것은 잃어버린 자를 찾아 구원하려 함이니라 (누가복음 19장 10절)
3. **리더들의 외침** | 삭개오처럼 예수님을 만나 변화되는 삶을 살아요!
4. **공과 주제** |
   1. 삭개오는 예수님을 만난 후 변화되었어요.
   2. 삭개오를 본받아 예수님 만나기를 기대하고 변화되어요!

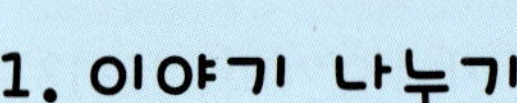

1. 이야기 나누기

내가 예수님을 알게 되고 나서 변한 점이 있나요? 있다면 무엇인가요?

2. 성경이야기 들려주세요

아래 장면을 성경 이야기 들은 내용의 순서에 맞게 번호를 매겨 봅시다.

3. 말씀살피기

1. 지금 우리 동네에 예수님이 다시 오신다면 예수님께 제일 먼저 무슨 말을 하고 싶은가요? 말풍선에 예수님께 하고싶은 말을 써봅시다.

2. 다음은 본문(눅19:1-10)에서 예수님이 하신 말씀입니다. 빈칸에 알맞은 말을 넣어 보세요.

오늘 □□이 이 집에 이르렀으니 이 사람도 □□□□의 자손임이로다.(9절)

인자가 온 것은 □□□□ □를 찾아 □□하려 함이니라.(10절)

첫째,

둘째,

셋째,

나 ________는(은) 예수님과 세가지 약속을 꼭 실천할 것을 다짐합니다.

서약자 :   인

33과 예수님의 능력

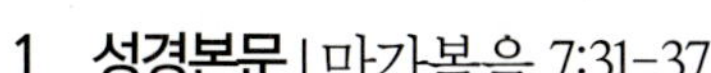

1. **성경본문** | 마가복음 7:31-37
2. **외울 말씀** | 그의 귀가 열리고 혀가 맺힌 것이 곧 풀려 말이 분명하여졌더라 (마가복음 7장 35절)
3. **리더들의 외침** | 에바다! 에바다! 에바다!
4. **공과 주제** |
   1. 귀가 안 들리고 말 더듬는 자가 예수님께 나아왔어요.
   2. 예수님의 능력으로 고침을 받았어요.
   3. '에바다'는 '열리라'는 뜻이에요.

1. 이야기 나누기

내가 직접 겪은 기적같은 일이 있나요? 있다면 함께 나눠봅시다.

2. 성경이야기 들려주세요

아래 장면을 성경 이야기 들은 내용의 순서에 맞게 번호를 매겨 봅시다.

3. 말씀살피기

1. 풍선에 쓰인 단어 중 실천해야 할 것에 줄을 쳐봅시다. 버려야 할 행동의 풍선에는 X표를 쳐봅시다.

한숨
말씀
다툼
봉사
원망
순종
시기
전도
기도
미움
사랑
우정

2. '에바다'로 삼행시를 지어보세요.

[예시] **에** : 녹처럼 하나님과 동행하며
바 : 울처럼 예수님을 전하고
다 : 윗처럼 하나님을 잔양하는 사람이 될래요.

에 : ....

바 : ....

다 : ....

{으쌰으쌰~활동해요}

[예수님의 능력의 손 그리기]

예수님의 능력의 손을 예쁘게 색칠해 봅시다.
아래의 '예수님 사랑해요'도 색칠해봅시다.

예수님 사랑해요

34과 바다가 잔잔해졌어요

1. **성경본문** | 마태복음 8:23-27

2. **외울 말씀** | 예수께서 이르시되 어찌하여 무서워하느냐 믿음이 작은 자들아 하시고 곧 일어나사 바람과 바다를 꾸짖으시니 아주 잔잔하게 되거늘(마태복음 8장 26절)

3. **리더들의 외침** | 우리의 구원자 예수님이 우리를 지켜주신다.

4. **설교 주제**
   1. 바람과 바다도 순종하게 만드시는 예수님
   2. 예수님 말씀의 놀라운 능력

1. 이야기 나누기

만약 가고싶었던 놀이동산으로 소풍을 가기 전날 밤, 뉴스에서 비가 온다는 일기예보가 나온다면 나는 어떻게 행동할지 생각해보고 나눠봅시다.

2. 성경이야기 들려주세요

아래 장면을 성경 이야기 들은 내용의 순서에 맞게 번호를 매겨 봅시다.

3. 말씀살피기

1. 예수님의 말씀이 얼마나 힘(능력)이 있다고 생각하나요?
   이유를 들어서 이야기 해보아요.

2. 예수님께서 바람과 바다를 꾸짖으신 후, 일어난 일에는 ○ 표시를 하고 일어나지 않은 일에는 X 표시를 하세요.

{으쌰으쌰~활동해요}

흔들리지 않는 믿음의 배를 만들어요

준비물 : 색종이, 예쁜 실

1. 아래 설명을 참조하여 종이배를 만듭니다.
2. 튼튼하게 하기 위해 여러 색의 색종이를 손으로 찢어서 배의 표면에 풀로 붙입니다.
3. 배의 양 끝부분에 구멍을 뚫어 실로 연결합니다.

직사각형 종이를 점선 모양대로 반으로 접어주세요.

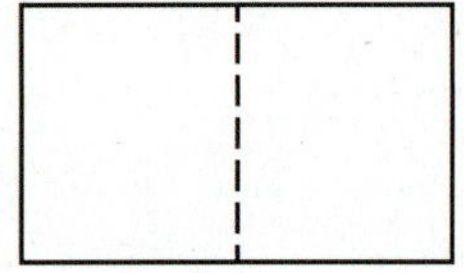

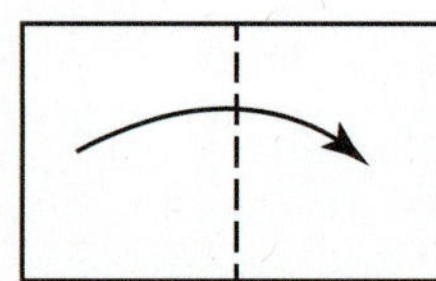

반으로 접은 종이를 위쪽 삼각형 점선대로접어 내려주세요

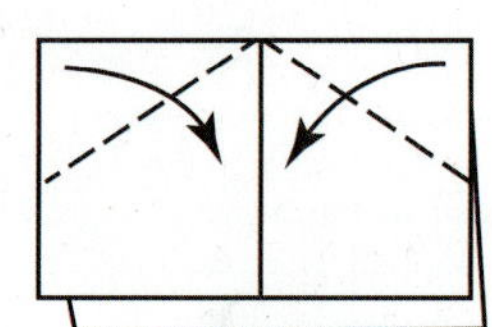

밑의 화살표대로 내리고 위로 올려져 있는 화살표대로 올리세요

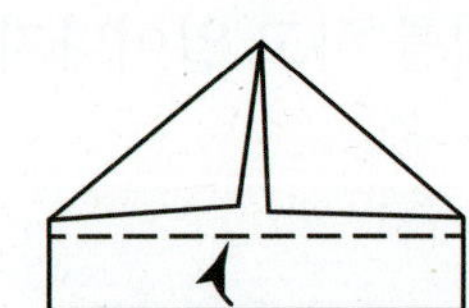

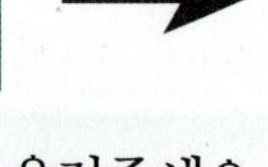

점선 모양대로 접어서 올려주세요

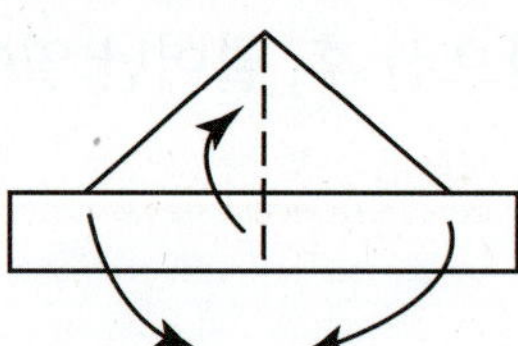

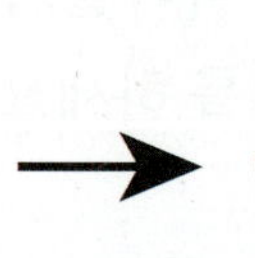

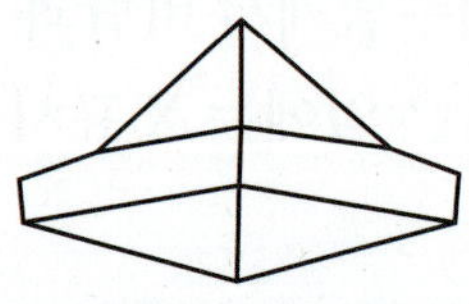

고깔 사이에 공간을 들었다가 자연스럽게 내려서 꾸욱 눌러주세요.

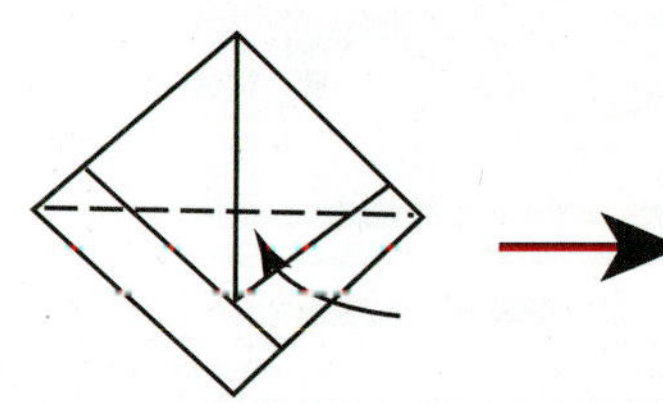

점선대로 접어서 올리세요

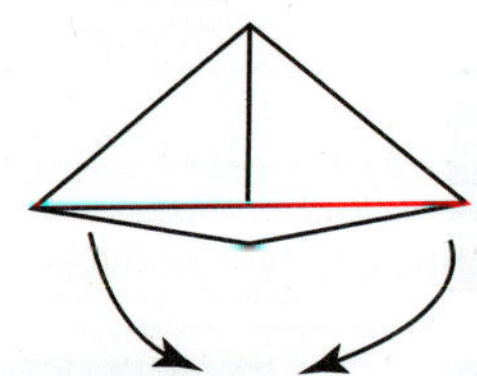

화살표 방향대로 내려서 꾹 눌러주고

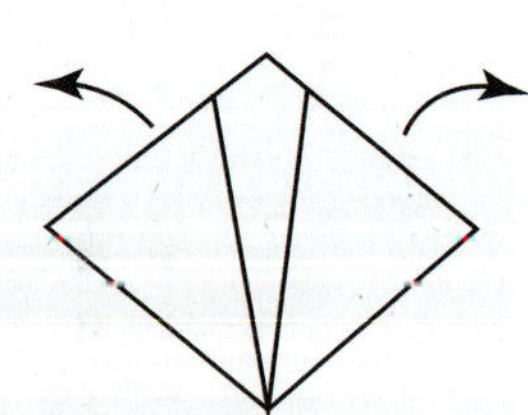

화살표 방향대로 활짝 펴면...

이렇게 예쁜 배가 완성됩니다.

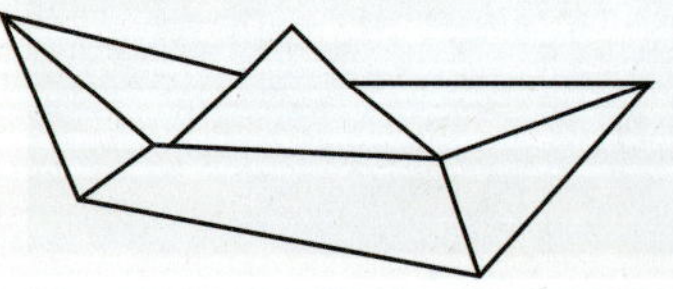

35과 오병이어의 기적

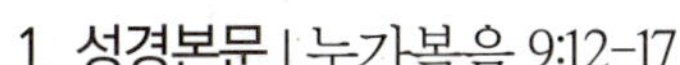

1. **성경본문** | 누가복음 9:12-17
2. **외울 말씀** | 예수께서 떡 다섯 개와 물고기 두 마리를 가지사 하늘을 우러러 축사하시고 떼어 제자들에게 주어 무리 앞에 놓게 하시니 먹고 다 배불렀더라 그 남은 조각 열 두 바구니를 거두니라 (누가복음 9장 16-17절)
3. **리더들의 외침** | 예수님의 능력을 믿는 믿음의 어린이가 되자!
4. **설교 주제**
   1. 떡 다섯 개와 물고기 두 마리의 기적
   2. 불가능을 가능으로 바꾸실 예수님을 신뢰해요.

1. 이야기 나누기

나에게 기적이 일어난다면 꼭 이루어졌으면 하는 일 한 가지는 무엇인가요?

2. 성경이야기 들려주세요

아래 장면을 성경 이야기 들은 내용의 순서에 맞게 번호를 매겨 봅시다.

3. 말씀살피기

1. 어떤 일에 대해서 불가능하다고 느낄 때 나는 어떻게 하나요?
   네모칸에 어떻게 해결할지 기록해 봅시다.

2. 예수님은 무엇을 들고 하나님께 기도하셨나요?
   그려봅시다. 또한 빈 바구니를 가득 채워봅시다.

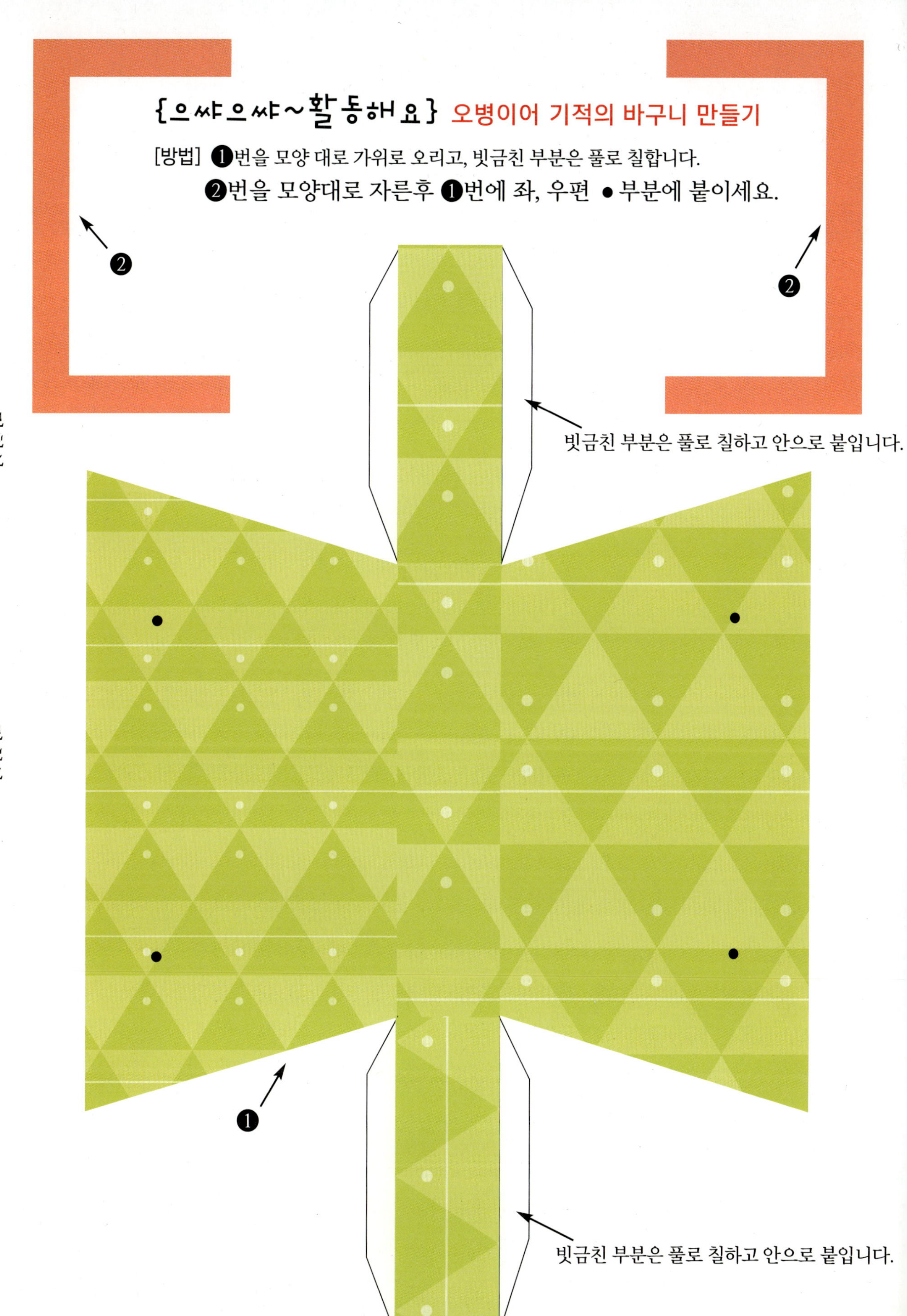
{으쌰으쌰~활동해요} 오병이어 기적의 바구니 만들기
[방법] ❶번을 모양 대로 가위로 오리고, 빗금친 부분은 풀로 칠합니다.
❷번을 모양대로 자른후 ❶번에 좌, 우편 ● 부분에 붙이세요.
❷
❷
빗금친 부분은 풀로 칠하고 안으로 붙입니다.
❶
빗금친 부분은 풀로 칠하고 안으로 붙입니다.
절취선
절취선

36과 구원

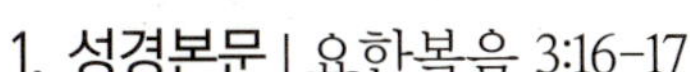

1. **성경본문** | 요한복음 3:16-17
2. **외울 말씀** | 하나님이 세상을 이처럼 사랑하사 독생자를 주셨으니 이는 그를 믿는 자마다 멸망하지 않고 영생을 얻게 하려 하심이라 (요한복음 3장 16절)
3. **리더들의 외침** | 우리의 구원자 예수님을 믿어요!
4. **설교 주제**
   1. 하나님이 세상을 사랑하셔서 독생자를 보내주셨어요.
   2. 우리의 구원자 예수님을 믿어요.
   3. 우리를 사랑하시는 하나님을 사랑해요.

1. 이야기 나누기

내가 사랑하는 사람들을 떠올려 보세요. 그 사람이 왜 소중한가요? 혹 나는 그 사람들을 위해 목숨까지도 내어줄 수 있나요? 함께 나눠봅시다.

2. 성경이야기 들려주세요

아래 장면을 성경 이야기 들은 내용의 순서에 맞게 번호를 매겨 봅시다.

3. 말씀살피기

1. 아래 괄호를 채워보고 무엇을 의미하는 것인지 서로 이야기 해 봅시다.

	죄사함 받는 길	결과
구약	흠없는 짐승의 제사	일시적인 ( )사함
신약	예수님께서 ( )에 달려 죽으심	예수님만 믿으면 완전한 구원받음

2. 다음의 성경구절을 따라 적어보세요.

우리가 아직 죄인 되었을 때에 그리스도께서 우리를 위하여 죽으심으로 하나님께서 우리에 대한 자기의 사랑을 확증하셨느니라 (로마서 5장 8절)

{으쌰으쌰~활동해요}

구원의 다리를 건너 천국으로...

천국을 가려면 무엇이 필요할까요? 번호 순서대로 선을 이어봅시다.

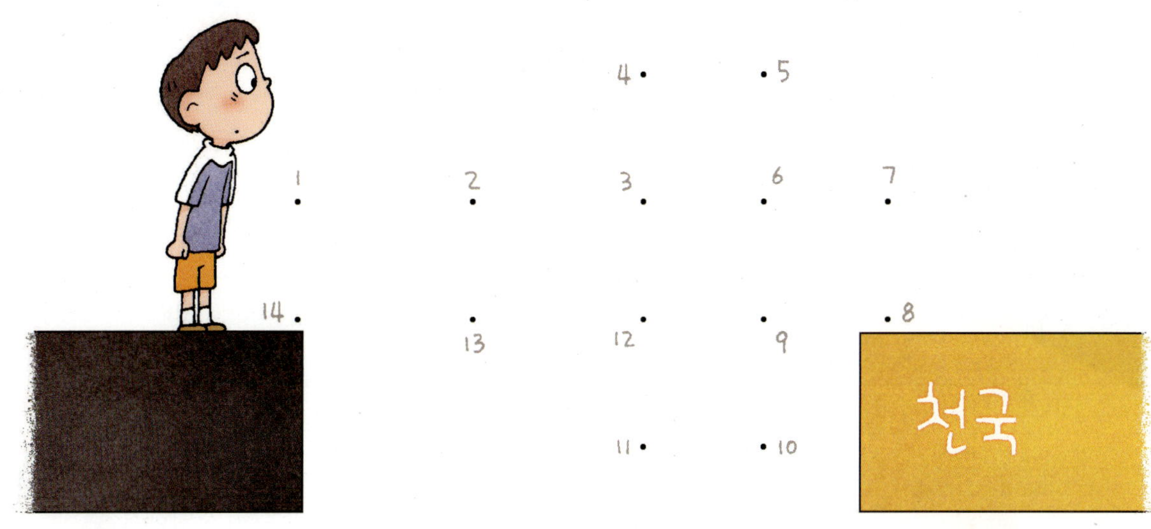

예수님 감사해요!

날 구원해 주신 예수님께 감사하며 감사의 글을 써봅시다.

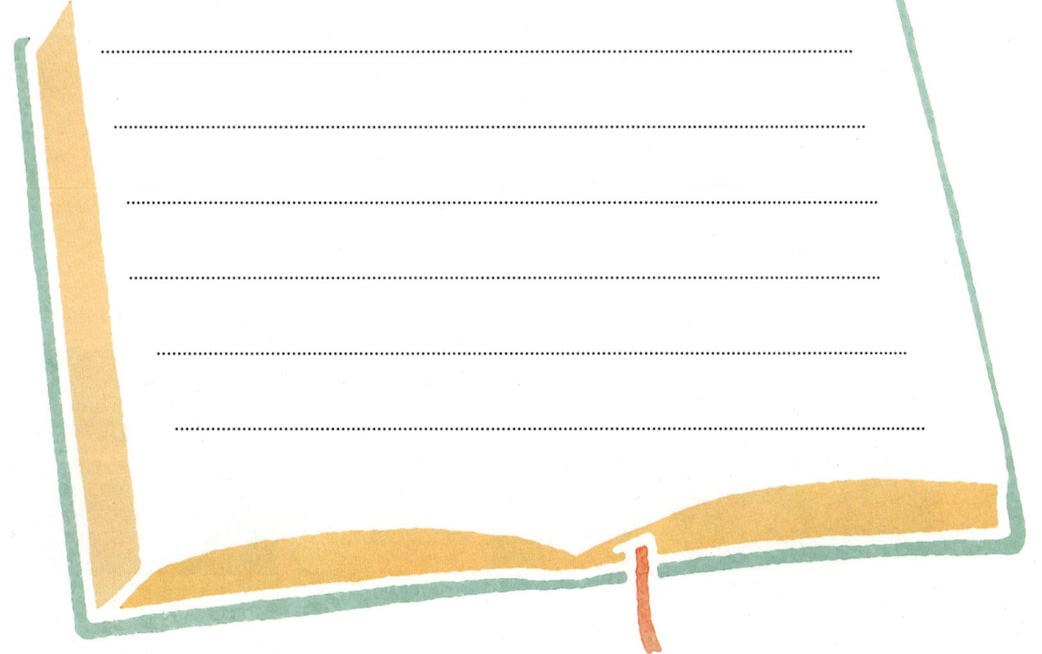

37과 당신의 이웃은 누구입니까?

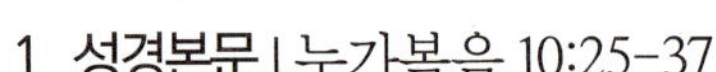

1. **성경본문** | 누가복음 10:25-37

2. **외울 말씀** | 네 마음을 다하며 목숨을 다하며 힘을 다하며 뜻을 다하여 주너의 하나님을 사랑하고 또한 네 이웃을 네 자신 같이 사랑하라 (누가복음 10장 27절)

3. **리더들의 외침** | 하나님 사랑! 이웃 사랑!

4. **설교 주제**
   1. 사마리아인처럼 이웃을 사랑해요.
   2. 마음을 다하여 하나님을 사랑하고 내 이웃을 자신과 같이 사랑해요.

1. 이야기 나누기

내 주변에 있는 많은 사람들 중에서 '나의 이웃'은 누구인가요? 또한 나의 이웃이라고 생각한 이유는 무엇인지 나눠봅시다.

2. 성경이야기 들려주세요

아래 장면을 성경 이야기 들은 내용의 순서에 맞게 번호를 매겨 봅시다.

3. 말씀살피기

1. 선한 사마리아인처럼 내게 도움이 필요한 사람에게 어떻게 행동할지 기록해 봅시다.

2. 예수님께서 들려주신 예화에서, 강도 만난 사람을 도와주지 않고 지나친 사람은 누구인지 모두 고르세요.

① 율법교사　② 레위인　③ 사마리아인　④ 주막주인　⑤ 제사장

{으쌰으쌰~활동해요}

내 친구, 내 이웃 사랑하기

오늘 말씀을 생각하며 내가 도움을 주고 싶은 사람이나 친구의 이름을 적어보고 필요한 도움이 무엇인지, 내가 어떻게 도와줄지도 적어봅시다.
또한 잘 실천할 수 있도록 기도하며 노력합시다.
좌측의 네모박스에는 도움이 필요한 사람의 얼굴이나 캐릭터를 그려보세요.

이 름	
필요한 도움	
어떻게 도와줄까?	

이 름	
필요한 도움	
어떻게 도와줄까?	

이 름	
필요한 도움	
어떻게 도와줄까?	

이 름	
필요한 도움	
어떻게 도와줄까?	

38과 가난한 과부의 두 렙돈

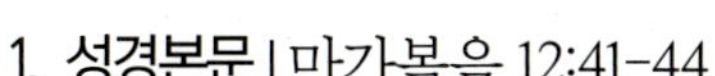

1. **성경본문** | 마가복음 12:41-44

2. **외울 말씀** | 그들은 다 그 풍족한 중에서 넣었거니와 이 과부는 그 가난한 중에서 자기의 모든 소유 곧 생활비 전부를 넣었느니라 하시니라 (마가복음 12장 44절)

3. **리더들의 외침** | 마음을 보시는 예수님!

4. **설교 주제**
   1. 예수님의 계산법은 달라요.
   2. 우리의 마음을 보시는 예수님
   3. 정성을 드리는 어린이가 되어요.

1. 이야기 나누기

만약 오늘 예수님을 만난다면, 내가 예수님께 드리고 싶은 선물은 무엇인가요?

2. 성경이야기 들려주세요

아래 장면을 성경 이야기 들은 내용의 순서에 맞게 번호를 매겨 봅시다.

3. 말씀살피기

1. 오늘 말씀을 듣고 앞으로 어떤 마음으로 헌금을 드리고 싶은지 서로 이야기 해보고 하나님께 감사의 마음을 적어봅시다.

2. 오늘 말씀에서 예수님께서 말씀하시는, 부자와 가난한 과부의 헌금의 크기를 아래의 '부등호'를 선택하여 표시하세요.

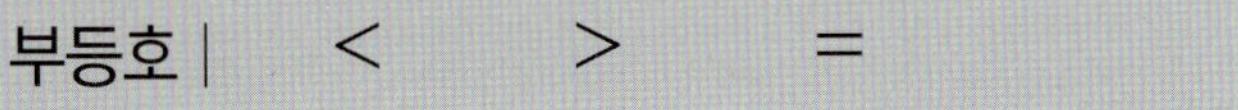

{으쌰으쌰~활동해요}

동전 헌금 저금통 만들기

준비물 : 칼, 가위, 마분지, 풀

1. 아래 도안을 칼이나 가위로 오려서 마분지에 붙입니다.
2. 가운데 검은색 '칼로 오리기'부분을 오려냅니다.
3. 모양대로 오리고 점선대로 풀로 칠해서 붙여 네모난 저금통을 만듭니다.

동전헌금
저금통

칼로 오리기

하나님께
드릴헌금

이 부분은 풀
로 칠합니다.

이 부분은 풀
로 칠합니다.

39과 예루살렘에 입성하시는 왕 예수님

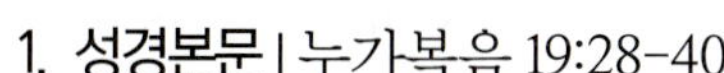

1. **성경본문** | 누가복음 19:28-40

2. **외울 말씀** | 찬송하리로다 주의 이름으로 오시는 왕이여 하늘에는 평화요 가장 높은 곳에는 영광이로다 하니 (누가복음 19장 38절)

3. **리더들의 외침** | 하늘에는 평화, 가장 높은 곳에는 영광!

4. **설교 주제**
   1. 예수님께서 예루살렘에 입성하셨다.
   2. 주의 이름으로 오시는 우리의 왕 예수님

1. 이야기 나누기

하나님이 나를 사랑하신다는 것을 느낀 적이 있나요? 있다면 언제였는지 이야기해 보고 반대로 아직 하나님이 나를 사랑하신다는 것을 믿지 못하겠다면 그 이유는 무엇인지 이야기해봅시다.

2. 성경이야기 들려주세요

아래 장면을 성경 이야기 들은 내용의 순서에 맞게 번호를 매겨 봅시다.

3. 말씀살피기

1. 왼편에 흩어진 글자를 조합하여 문장을 만들어 오른편 박스에 기록해봅시다.
   힌트) 오늘 외울말씀

이	여	오	피	름
는	의	시	로	홍
왕	이	하	리	다
말	송	도	주	로
찬	다	안	으	된

2. 예수님께서 예루살렘을 입성하실 때 탄 동물의 이름은 무엇인가요?
   맞는 동물에 동그라미를 쳐봅시다.

① 고릴라

② 나귀

③ 백곰

④ 기린

{으쌰으쌰~활동해요}

예수님을 찬양해요

예수님을 찬양하는 아름다운 노래가사를 만들어봅시다.

아래는 '학교종이 땡땡땡' 노래의 곡조입니다.

내가 만들 노래의 곡명을 적어보고, 곡에 맞춰 직접 멋지게 가사를 지어봅시다.

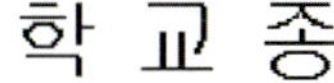

김메리 작사
김메리 작곡

곡명 :

내가 만든 찬양 가사 :

40과 내게 있는 향유 옥합

1. **성경본문** | 누가복음 7:36-50

2. **외울 말씀** | 예수께서 여자에게 이르시되 네 믿음이 너를 구원하였으니 평안히 가라 하시니라 (누가복음 7장 50절)

3. **리더들의 외침** | 복음이 전파되는 곳마다 기억되는 어린이가 되자!

4. **설교 주제**
   1. 옥합을 깨뜨리고 예수님의 머리에 향유를 부은 여인
   2. 온 세상에 복음이 전파되는 곳마다 기억되는 사람이 되어요.

1. 이야기 나누기

나에게 가장 가치있고 소중한 것은 무엇이고 나는 그것을 지키기 위해 어떤 노력을 하고 있나요?

2. 성경이야기 들려주세요

아래 장면을 성경 이야기 들은 내용의 순서에 맞게 번호를 매겨 봅시다.

3. 말씀살피기

1. 귀한 향유 옥합을 아낌없이 예수님께 드린 여인처럼 나는 예수님께 무엇을 드리고 싶은가요? 기록해 봅시다.

2. 여인이 향유를 허비했다고 화를 내며 말하는 사람들을 향해 예수님께서 하신 말씀이 아닌 것을 모두 고르세요.

① 너희들의 말이 옳다. 이 여인은 향유를 허비하였다.
② 가만 두어라! 왜 그 여인을 괴롭히느냐! 그는 나에게 좋은 일을 했다.
③ 복음이 전파되는 곳마다 여인이 한 일이 전해질 것이다.
④ 사람들이 이 여인을 기억할 것이다.
⑤ 이 향유를 삼백 데나리온에 팔아라!

{으쌰으쌰~활동해요}

칭찬받는 내모습 그리기

준비물 : 크레파스나 색연필

복음이 전파되는 곳마다 많이 사람들이 기억해주기를 바라는 나의 모습을 상상하며 색칠해 봅시다.

4과 제자들의 배반

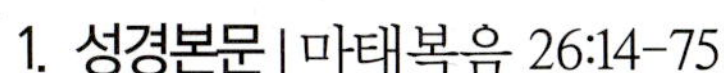

1. **성경본문** | 마태복음 26:14-75
2. **외울 말씀** | 그러나 이렇게 된 것은 다 선지자들의 글을 이루려 함이니라 하시더라 이에 제자들이 다 예수를 버리고 도망하니라 (마태복음 26장 56절)
3. **리더들의 외침** | 예수님을 신실하게 따르는 어린이가 되자!
4. **설교 주제**
   1. 제자들의 배반을 예고하셨어요.
   2. 선지자들의 글을 이루기 위함이라고 하셨어요.
   3. 언제나 예수님과 함께하는 어린이가 되어요!

1. 이야기 나누기

친한친구에게 배신감을 느꼈던 적이 있나요? 있다면 어떨 때 그랬었는지 함께 나눠 봅시다.

2. 성경이야기 들려주세요

아래 장면을 성경 이야기 들은 내용의 순서에 맞게 번호를 매겨 봅시다.

3. 말씀살피기

1. 예수님은 가룟유다가 배반할 것을 아시면서도 정성껏 발을 씻겨주셨어요. 그때 예수님의 속마음은 어떠셨을까요? 20자 내외로 예수님의 속마음이 어떠했을지 말풍선에 기록해 봅시다.

2. 다음 글의 ○ 안에 들어갈 알맞은 말을 넣어보세요.

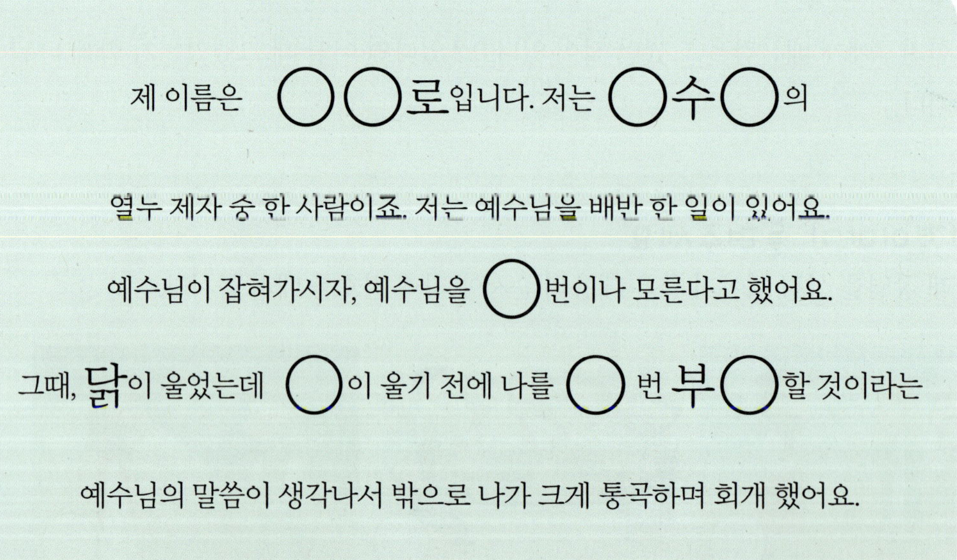

제 이름은 ○○로입니다. 저는 ○수○의

열두 제자 중 한 사람이죠. 저는 예수님을 배반 한 일이 있어요.

예수님이 잡혀가시자, 예수님을 ○번이나 모른다고 했어요.

그때, 닭이 울었는데 ○이 울기 전에 나를 ○ 번 부○할 것이라는

예수님의 말씀이 생각나서 밖으로 나가 크게 통곡하며 회개 했어요.

{으쌰으쌰~활동해요}

어떤 상황속에서도 예수님과 꼭 붙어있기

준비물: 라벨지, 가위, 풀

1. 점선을 따라 그림을 가위로 오립니다.
2. 오린 그림을 라벨지의 앞면에 풀로 붙여줍니다.
3. 붙인 그림을 오려서 뒷면 필름을 떼어내고 붙이고 싶은 곳에 붙입니다.

42과 십자가를 지신 예수님

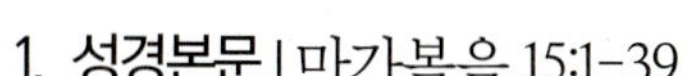

1. **성경본문** | 마가복음 15:1-39

2. **외울 말씀** | 예수를 향하여 섰던 백부장이 그렇게 숨지심을 보고 이르되 이 사람은 진실로 하나님의 아들이었도다 하더라 (마가복음 15장 39절)

3. **리더들의 외침** | 십자가의 예수님을 기억하며 감사하자!

4. **설교 주제**
   1. 예수님은 온갖 조롱과 멸시를 견디시고 십자가를 지셨어요.
   2. 아무런 죄가 없으신 예수님은 우리를 위해 십자가에서 희생하셨어요.
   3. 예수님은 하나님의 아들이에요.

1. 이야기 나누기

인생에서 가장 '고마운 사람'은 누구인가요? 그 이유는 무엇인지 나눠봅시다.

2. 성경이야기 들려주세요

아래 장면을 성경 이야기 들은 내용의 순서에 맞게 번호를 매겨 봅시다.

3. 말씀살피기

1. 예수님의 십자가 사건과 관련있는 사실을 찾아 동그라미를 쳐봅시다.

① 십자가형이 판결나자 예수님께 자주색 옷을 입히고 가시관을 씌웠다.

② 예수님은 채찍으로 맞으시고 많은 사람들에게 조롱당하셨다.

③ 예수님은 힘드셨지만 끝까지 골고다 언덕 위에 십자가를 메고 오르셨다.

④ 십자가에서 죽으셨을때, 성소 휘장이 찢겨졌고 지진이 났다.

⑤ 예수님이 달리신 십자가 좌편과 우편의 강도들은 모두 구원받지 못했다.

2. 예수님께서 십자가를 지고 가실 때, 지나가던 사람을 불러 억지로 십자가를 지고 가게 했습니다. 그의 이름은 누구인가요? 맞는 번호에 동그라미를 쳐봅시다.

① 시몬 베드로

② 아리마대 사람 요셉

③ 빌라도

④ 바라바

⑤ 구레네 사람 시몬

{으쌰 으쌰~ 활동해요}

십자가 지신 예수님 색칠하기

예수님께서 날 위해 십자가를 지심으로 우리는 모든 죄를 사함받고 구원받게 되었습니다.

그 사랑을 기억하며 예쁘게 색칠해 봅시다.

43과 부활의 예수님

1. **성경본문** | 마가복음 16:1-20

2. **외울 말씀** | 놀라지 말라 너희가 십자가에 못 박히신 나사렛 예수를 찾는구나 그가 살아나셨고 여기 계시지 아니하니라 보라 그를 두었던 곳이니라 (마가복음 16장 6절)

3. **리더들의 외침** | 부활하신 예수님의 이름을 온 땅 가득히 전하라!

4. **설교 주제**
   1. 예수님께서 3일 만에 부활하셨어요.
   2. 예수님으로 인해 새 생명을 얻고 구원받은 하나님의 자녀로 살아가요.

1. 이야기 나누기

만약 내가 부활하신 예수님을 만난다면 하고 싶은 말을 나눠봅시다.

2. 성경이야기 들려주세요

아래 장면을 성경 이야기 들은 내용의 순서에 맞게 번호를 매겨 봅시다.

3. 말씀살피기

1. 예수님의 다섯가지 기쁜소식(복음)이 왜 기쁜소식인지 내 생각을 네모칸에 기록 해볼까요?

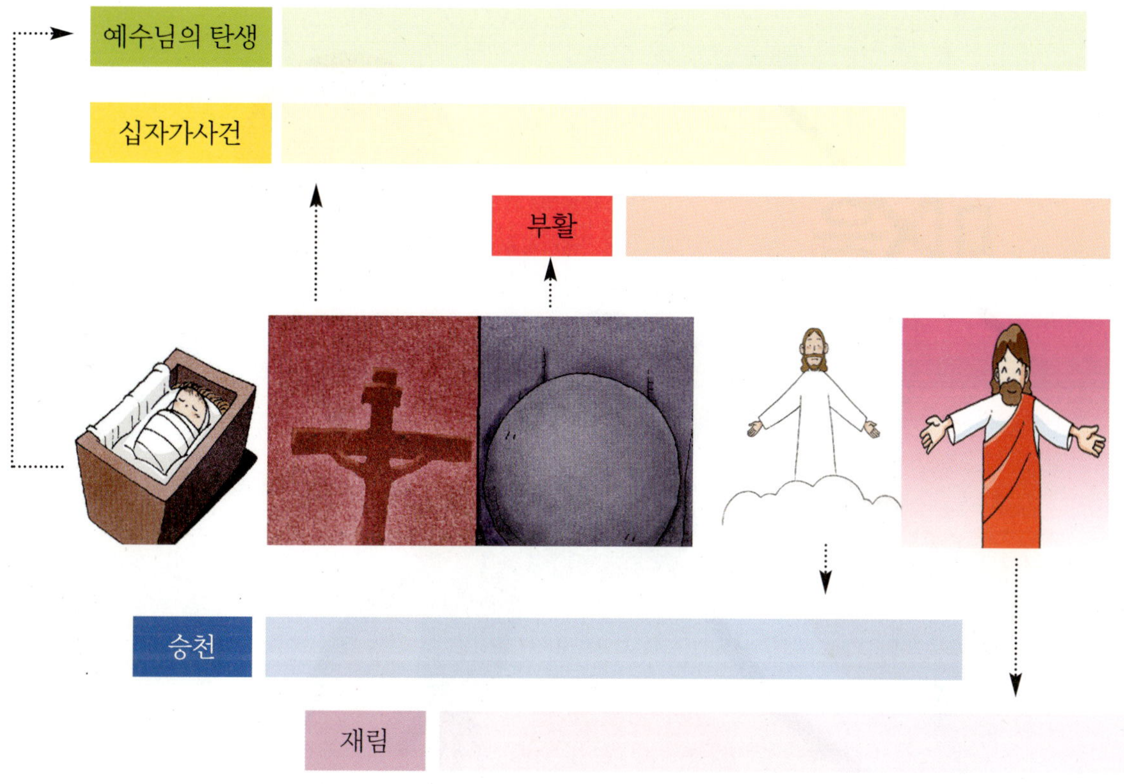

2. 사람들이 예수님의 무덤을 찾아갔을 때 어떤 일들이 있었나요? 맞는 것을 모두 고르세요.

① 예수님의 무덤 문 앞에 놓았던 돌이 굴려져 있었다.

② 사람들이 예수님을 만나자 반가워하였다.

③ 제자들은 예수님이 살아나신 것을 보고 매우 기뻐하였다.

④ 무덤의 돌이 굴려져있고 예수님이 무덤에서 걸어 나오셨다.

⑤ 무덤에 앉아있던 흰옷을 입은 청년이 예수님의 부활을 알려주었다.

{으쌰으쌰~활동해요}

예수님의 부활로 인해 새 생명을 얻은 우리 모습 점검하기

새 생명 얻고 구원받은 우리가 예수님 안에서 살아가기로 다짐하고, 그렇게 하기 위해 행해야 할 것들을 바구니 안에 있는 구슬에 적고, 버려야 할 것들은 바구니 밖에 있는 구슬에 적어보세요. 그리고 엑스표를 칩시다.

또한 자루에 있는 결심대로 행동할 것을 다짐하며 실천합시다.

44과 하늘로 오르셨어요

1. **성경본문** | 사도행전 1:1-11

2. **외울 말씀** | 이르되 갈릴리 사람들아 어찌하여 서서 하늘을 쳐다보느냐 너희 가운데서 하늘로 올려지신 이 예수는 하늘로 가심을 본 그대로 오시리라 하였느니라 (사도행전 1장 11절)

3. **리더들의 외침** | 하늘로 올라가신 예수님을 기다려요!

4. **설교 주제**
   1. 예수님께서는 하늘로 올리신 그 모습 그대로 다시 오실 거예요.
   2. 예수님이 당부하신 명령을 따라 복음을 전하는 어린이가 되어요.

1. 이야기 나누기

만약 부모님께서 언제 사주실지 말씀하지 않고 갖고 싶은 것을 사주신다고 약속하신다면 나는 얼마나 기다릴 수 있을까요?

2. 성경이야기 들려주세요

아래 장면을 성경 이야기 들은 내용의 순서에 맞게 번호를 매겨 봅시다.

3. 말씀살피기

1. 다시 오시는 예수님을 기다리며 나는 어떤 노력을 하며 살고 싶나요?
   빈칸에 예수님께서 기뻐하실 일들을 적어보고 실천합시다.

2. 예수님께서 하늘로 올리시면서 제자들에게 당부하신 말씀이 있습니다.
   그 말씀이 무엇인지 성경 본문을 써보세요.

오직 성령이 너희에게 임하시면 너희가 권능을 받고
예루살렘과 온 유대와 사마리아와 땅 끝까지 이르러
내 증인이 되리라 하시니라 (행1:8)

{으쌰으쌰~활동해요}

길찾아 교회로 가기

즐거운 주일이에요. 길을 찾아 교회로 갑시다.

45과 성령님이 임하셨어요

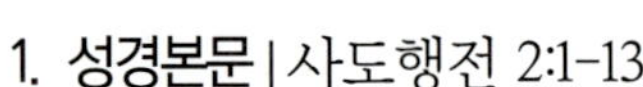

1. **성경본문** | 사도행전 2:1-13

2. **외울 말씀** | 그들이 다 성령의 충만함을 받고 성령이 말하게 하심을 따라 다른 언어들로 말하기를 시작하니라 (사도행전 2장 4절)

3. **리더들의 외침** | 성령님은 우리와 늘 함께 하신다!

4. **설교 주제**
   1. 성령님이 임하시면 능력이 나타나요.
   2. 성부, 성자, 성령은 삼위일체 하나님이에요.
   3. 성령님은 숨결처럼 늘 우리와 함께 하시는 분이에요.

1. 이야기 나누기

하나님과 함께할 수 있는 방법은 무엇일까요?

2. 성경이야기 들려주세요

아래 장면을 성경 이야기 들은 내용의 순서에 맞게 번호를 매겨 봅시다.

3. 말씀살피기

1. 주일에 축구하러 가자는 친구에게 어떤 말을 전해주면 좋을까요?
   이런 친구를 어떻게 전도할지 적어봅시다.

2. 성경에 성령님은 어떤 분이신지 잘 기록하고 있습니다.
   사다리를 타고 내려가 빈칸에 답을 쓰세요.

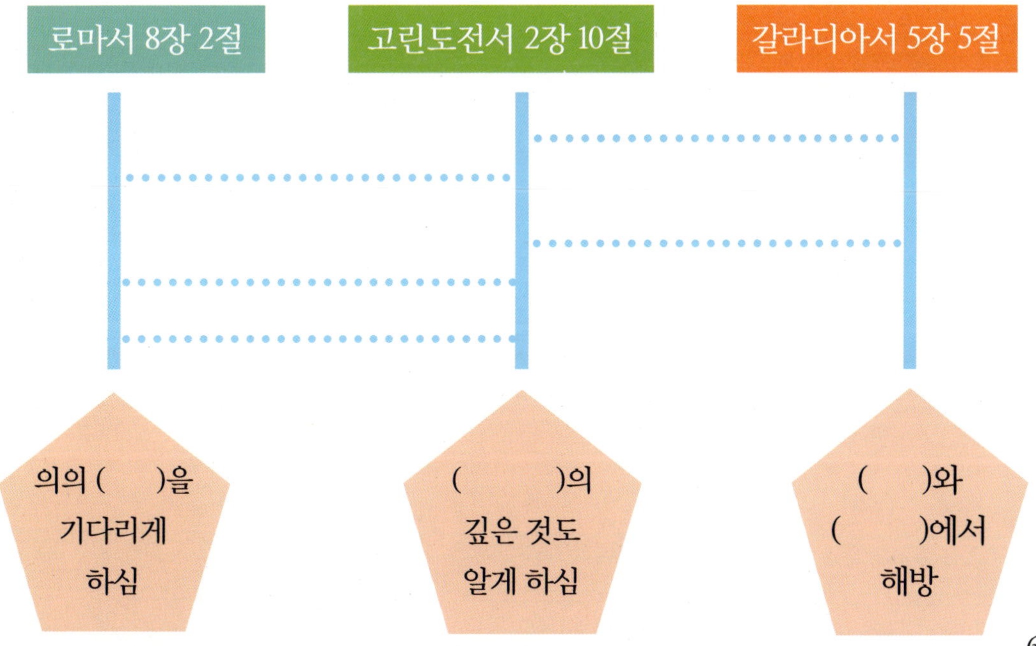

{으쌰으쌰~활동해요}

하나님께 기도문 작성하기

아래 기도손의 내용 5가지가 꼭 들어가게 해서 하나님께 정성껏 기도문을 작성해 봅시다.

예) 우리에게 늘 새로운 날을 주시는 **하나님 아버지 감사합니다.**

오늘도 기쁘고 즐거운 주일을 주심에 감사드립니다. 지난 한주간 지은 저의 죄, **용서해 주세요.**

한주 동안 부모님 말씀도 거역한 적 있고, 동생과 다투기도 했어요.

앞으로는 늘 부모님 말씀에 순종하고 사이좋게 지내도록 **도와주세요.**

교회도 열심히 나오게 도와주세요. 감사드리며 **예수님 이름으로 기도드립니다. 아멘.**

46과 나사렛 예수 그리스도의 이름

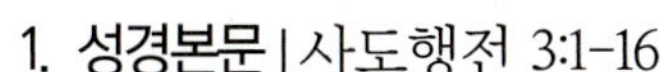

1. **성경본문** | 사도행전 3:1-16
2. **외울 말씀** | 베드로가 이르되 은과 금은 내게 없거니와 내게 있는 이것을 네게 주노니 나사렛 예수 그리스도의 이름으로 일어나 걸으라 하고 (사도행전 3장 6절)
3. **리더들의 외침** | 나사렛 예수의 이름으로 일어나라!
4. **설교 주제**
   1. 은과 금보다 더 귀한 것은, 능력의 예수 그리스도 이름이에요.
   2. 우리에게도 예수님의 이름으로 명할 수 있는 특권이 있어요.
   3. 기쁨으로 하나님을 찬양하는 모습을 가져요.

1. 이야기 나누기

내 이름은 누가 지어주셨나요? 그리고 이름의 뜻은 무엇인가요? 함께 나눠봅시다.

2. 성경이야기 들려주세요

아래 장면을 성경 이야기 들은 내용의 순서에 맞게 번호를 매겨 봅시다.

3. 말씀살피기

1. 나사렛 예수의 이름으로 명하고 싶은 것이 있다면 그것은 무엇인가요?
   원 안에 구체적으로 기록해봅시다.

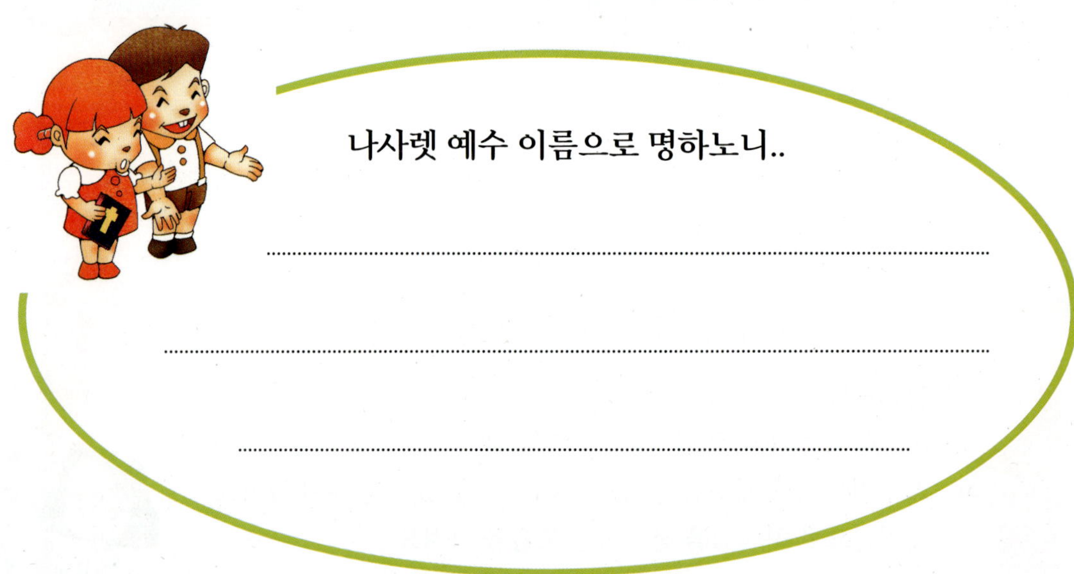

2. 다음은 어떤 내용의 그림인가요? 제시된 낱말을 골라 글로 써보고 설명해보세요.

성전, 미문, 걷지 못하는 자, 기도시간, 구걸, 날마다, 사람들

{으쌰으쌰~활동해요}
사도 베드로의 설교
성령의 충만함을 받은 베드로가 주님의 복음을 담대히 전하고 있네요.
이 그림에 숨겨진 십자가는 총 몇개일까요 찾아서 동그라미를 쳐봅시다.

47과 스데반 집사

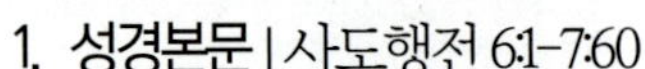

1. **성경본문** | 사도행전 6:1-7:60

2. **외울 말씀** | 그들이 돌로 스데반을 치니 스데반이 부르짖어 이르되 주 예수여 내 영혼을 받으시옵소서 하고 무릎을 꿇고 크게 불러 이르되 주여 이 죄를 그들에게 돌리지 마옵소서 이 말을 하고 자니라 (사도행전 7장 59-60절)

3. **리더들의 외침** | 성령이 충만한 스데반을 본받자!

4. **설교주제**

   1. 은혜와 권능, 지혜와 성령이 충만한 스데반
   2. 마지막 순간에도 하나님께 기도를 드린 스데반
   3. 스데반을 본받고 기억해요.

1. 이야기 나누기

친구를 통해 느낄 수 있는 예수님의 성품에 대해 서로 나눠봅시다.

2. 성경이야기 들려주세요

아래 장면을 성경 이야기 들은 내용의 순서에 맞게 번호를 매겨 봅시다.

3. 말씀살피기

1. 교회다니지 않은 친구가 교회에 대해 좋지않게 얘기하네요.
   이런 상황이라면 나는 어떻게 설명할 까요? 말풍선을 채워봅시다.

친구의 말

야, 교회 다니는 건
시간낭비야, 게임도 못하지
잠도 늦게까지 못자지,
설교시간은 지루하지,
기도할때 답답하지,
그런데 교회는 왜 가냐?

2. (　　　　)이 돌에 맞아 쓰러져서 제일 먼저 하나님께 기도를 드렸습니다.
   어떤 기도를 드렸는지 모두 골라보세요.
   또한 문제의 (　　　　)안에 들어갈 알맞은 이름도 넣어보세요.

   ① 주님, 저를 살려주세요.

   ② 주님, 저 사람들을 용서하지 마세요.

   ③ 주님, 저의 영혼을 받아주세요.

   ④ 주님, 이 고통을 없애주세요.

   ⑤ 주님, 이 죄를 그들에게 돌리지 마세요.

{으쌰으쌰~활동해요}

돌에 맞아 순교당하는 스데반 색칠하기

준비물: 크레파스나 색연필

스데반의 믿음을 생각하며 그림 을 예쁘게 색칠해 보세요.

48과 다메섹의 바울

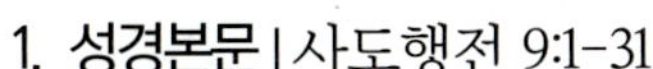

1. **성경본문** | 사도행전 9:1-31

2. **외울 말씀** | 사울이 길을 가다가 다메섹에 가까이 이르더니 홀연히 하늘로부터 빛이 그를 둘러 비추는지라 (사도행전 9장 3절)

3. **리더들의 외침** | 예수님을 만나면 변화된다!

4. **설교 주제**
   1. 예수님은 다메섹에서 바울을 만나주셨어요.
   2. 예수님을 만나기 전과 후의 바울
   3. 예수님의 택하신 그릇 바울
   4. 예수님과 바울의 만남

1. 이야기 나누기

예수님을 만나고 나서(알고 나서) 달라진 나의 모습은 무엇이 있나요? 한 가지만 골라 나눠봅시다.

2. 성경이야기 들려주세요

아래 장면을 성경 이야기 들은 내용의 순서에 맞게 번호를 매겨 봅시다.

3. 말씀살피기

1. 바울은 예수님을 만나기 전과 후가 확연히 변화되었어요.
   우리도 바울처럼 변화되지 못한 죄가 있다면 예수님께 솔직히 고백해봅시다.

2. 바울은 예수님을 만나기 전과 후가 확연히 다릅니다. 어떻게 다른지 아래 보기를 예수님 만나기 전과 만난 후로 구분해서 번호를 넣어보세요.

예수님 만나기 전	예수님 만난 후

① 예수님의 증인의 삶을 살아감　② 사울
③ 안수를 받고 세례를 받음　④ 순교자 스데반은 죽어 마땅하다 생각함
⑤ 예수 믿는 사람을 핍박함　⑥ 복음을 전함
⑦ 예수 믿는 사람을 옥에 가둠　⑧ 바울

{으쌰으쌰~활동해요}

숨은 그림찾기

바울은 다메섹에서 예수님을 만난후 앞을 보지 못했어요.
동료가 부축해서 다메섹으로 가고 있네요.
숨은 그림을 찾아 동그라미를 쳐봅시다.

숨은 그림찾기

레몬 반조각, 나뭇잎, 책,
하트, 아메리카노커피
커피잔, 예쁜 모자

49과 베드로를 도와준 천사

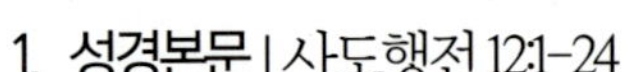

1. **성경본문** | 사도행전 12:1-24

2. **외울 말씀** | 이에 베드로는 옥에 갇혔고 교회는 그를 위하여 간절히 하나님께 기도하더라 (사도행전 12장 5절)

3. **리더들의 외침** | 우리 모두 함께 간절히 기도해요!

4. **설교 주제**
   1. 베드로가 어려움을 당했을 때, 교회는 가장 먼저 하나님께 간절히 기도했어요.
   2. 누군가를 위해 기도했을 때 일어나는 놀라운 일
   3. 모든 상황에서 가장 먼저 기도를 드리자!

1. 이야기 나누기

요즘 내가 기도하고 있는 기도제목은 무엇이 있나요? 함께 나눠본 후 서로를 위해 기도하는 시간을 가져봅시다.

2. 성경이야기 들려주세요

아래 장면을 성경 이야기 들은 내용의 순서에 맞게 번호를 매겨 봅시다.

3. 말씀살피기

1. 기도가 필요한 친구가 있나요? 이름을 적고 기도문을 써봅시다.

사랑하는 친구 야

....

....

....

너의 친한 친구

2. 복음을 전하다 감옥에 갇힌 베드로에게 천사가 찾아가 한 말이 있어요.
무슨 말을 했는지 올바른 단어를 골라 ○에 알맞은 말을 넣어보세요.

도망쳐라, 일어나라, 웃옷, 잠바, 겉옷, 잠을 자라,
따라와라, 띠, 띠, 신, 신어,

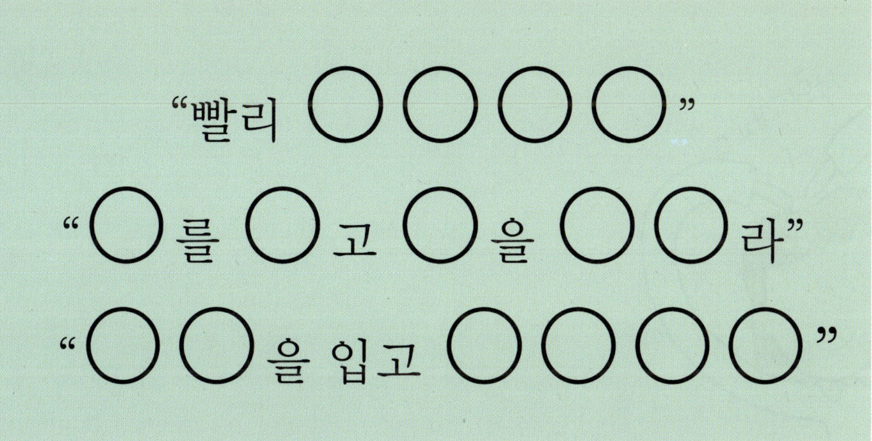

{으쌰으쌰~활동해요}

베드로 아저씨에게 편지쓰기

베드로가 감옥에 갇히자 그를 위해 교회의 많은 성도들이 함께 모여 간절히 기도했습니다. 그 간절한 기도에 주님이 천사를 보내어 베드로를 감옥에서 나올 수 있도록 하셨습니다. 우리 친구들이 그 시대 교회 다니는 어린이라면, 감옥에 갇힌 베드로 아저씨를 위해 어떤 기도를 할 수 있을까요? 감옥에 갇힌 베드로 아저씨께 직접 편지를 써 봅시다.

50과 바울과 바나바의 전도여행

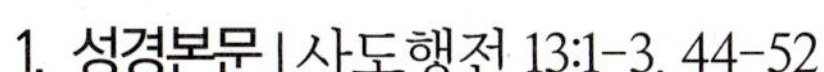
1. **성경본문** | 사도행전 13:1-3, 44-52

2. **외울 말씀** | 주께서 이같이 우리에게 명하시되 내가 너를 이방의 빛으로 삼아 너로 땅 끝까지 구원하게 하리라 하셨느니라 하니 (사도행전 13장 47절)

3. **리더들의 외침** | 내가 받은 은혜를 전하자!

4. **설교 주제**
   1. 성령께서 바울과 바나바를 따로 부르셨어요.
   2. 바울과 바나바는 성령의 인도하심 따라 전도여행을 시작했어요.
   3. 온 시민이 하나님의 말씀을 듣고자 하여 모였어요.
   4. 이방인들에게도 복음이 전해졌어요.

1. 이야기 나누기

'전도'하면 떠오르는 이미지는 무엇인가요? 떠오르는 생각을 함께 나눠봅시다.

2. 성경이야기 들려주세요

아래 장면을 성경 이야기 들은 내용의 순서에 맞게 번호를 매겨 봅시다.

3. 말씀살피기

1. 전도에 대한 경험이 있나요? 있다면 어떤 경험인지 나누어 보아요.

2. 다음은 이방인 전도를 위해 중요한 역할을 한 인물과 교회입니다.
해당하는 내용의 번호를 골라 네모박스안에 맞게 채워보세요.(중복선택 가능)

바울	바나바	안디옥 교회

① 다메섹에서 예수님을 만남

② 설교자로서의 능력을 인정받음

③ 성령님께서 부르셔서 안수를 받고 전도여행을 떠남

④ 최초의 이방인교회

⑤ 하나님의 말씀을 전하다가 유대인들에게 박해를 당함

⑥ 구제와 말씀 전파에 열정이 있었다.

⑦ 예수님을 만난 후로 회개하고 사도의 삶을 살아감

⑧ 최초로 '그리스도인'이라 불리웠다.

⑨ 기쁨과 성령이 충만함

{으쌰으쌰~활동해요}

바울과 바나바의 전도여행, 전혀 다른 이야기 만들기 2

아래 4컷의 그림은 '바울과 바나바의 전도여행'에 대한 성경이야기 입니다.

먼저, 그림이 어떤 내용인지 이야기를 나누어봅시다.

그리고 그후 동일한 그림에 '바울과 바나바의 전도여행'과 전혀 다른 이야기를 창작해서 각 장면마다 이야기를 적어봅시다. 모두 기록한 뒤 자신이 만든 새로운 이야기를 친구들에게 들려줍시다.

5과 바울과 실라의 전도여행

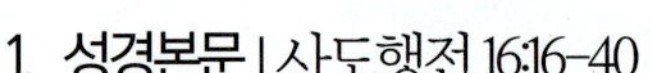

1. **성경본문** | 사도행전 16:16-40

2. **외울 말씀** | 이르되 주 예수를 믿으라 그리하면 너와 네 집이 구원을 받으리라 하고 (사도행전 16장 31절)

3. **리더들의 외침** | 영혼 구원을 위해 기적이 일어났어요!

4. **설교 주제**
   1. 바울과 실라는 2차 전도여행을 하며 예수의 이름으로 능력을 행했어요.
   2. 바울과 실라는 옥에 갇혀서도 하나님을 찬송했어요.
   3. 옥문이 열리는 기적이 일어나 바울과 실라는 간수와 그의 가족을 전도했어요.

1. 이야기 나누기

내가 복음을 전한다면 어떻게 전할 수 있을까요? 각자의 개성을 살려서 복음 전하는 방법을 생각해봅시다.

2 성경이야기 들려주세요

아래 장면을 성경 이야기 들은 내용의 순서에 맞게 번호를 매겨 봅시다.

3. 말씀살피기

1. 아래 단어들을 사용하여 오늘 배운 내용을 친구에게 이야기 해봅시다.

바울, 실라, 전도여행, 귀신들린 여종 , 세례
여종의 주인, 감옥, 지진, 간수, 구원, 주 예수

2. 바울은 간수를 전도하면서 어떤 말을 했나요? 길을 따라가며 문장의 순서대로 번호를 기록해보고 아래에 직접 써봅시다.

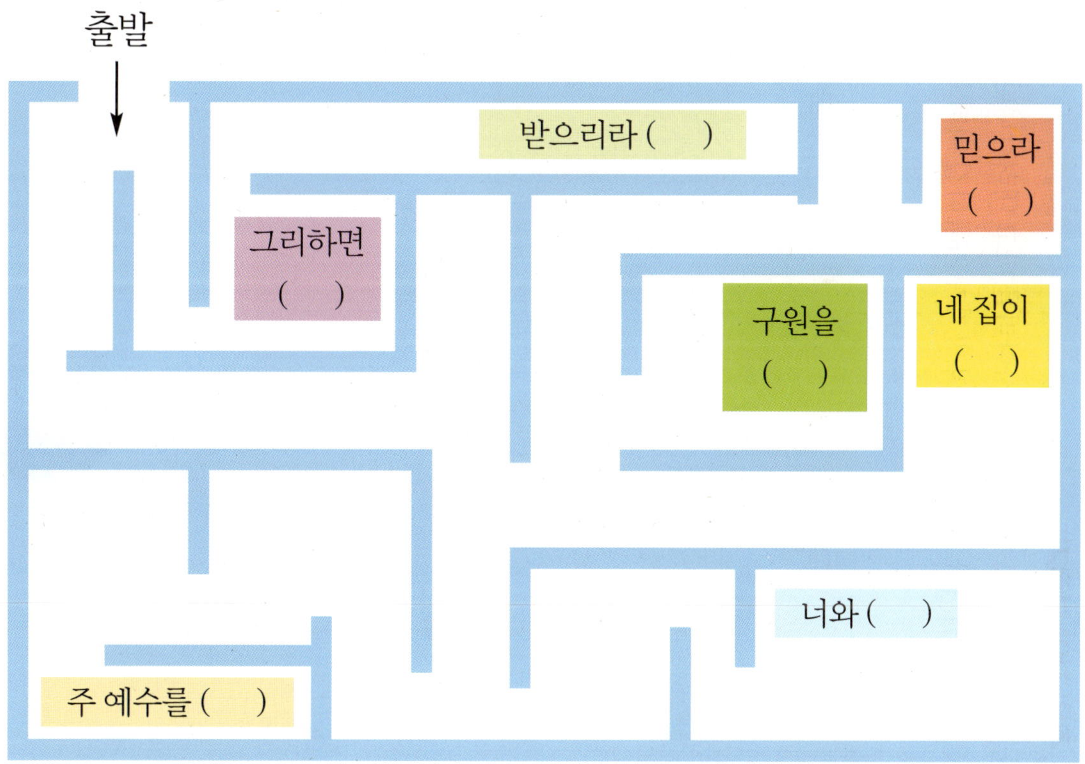

주 예수를 믿으라 그리하면 너와 네 집이 구원을 받으리라 (사도행전 16장 31절)

{으쌰으쌰~활동해요}

월, 화, 수, 목, 금, 토, 주일 찬양 부르기

방법: 부르고 싶은 찬양 7곡를 적어보아요. 적은 후 사다리를 타고 내려갑니다.

선택된 요일에 찬양을 부르면 됩니다. 한 주가 찬양의 향기가 가득하길 바라요.

52과 알파와 오메가

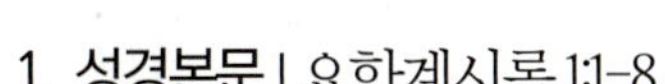

1. **성경본문** | 요한계시록 1:1-8

2. **외울 말씀** | 주 하나님이 이르시되 나는 알파와 오메가라 이제도 있고 전에도 있었고 장차 올 자요 전능한 자라 하시더라 (요한계시록 1장 8절)

3. **리더들의 외침** | 알파와 오메가의 하나님을 기다려요

4. **설교 주제**
   1. 요한은 하나님의 계시를 받아 기록을 남겼어요.
   2. 알파와 오메가의 하나님을 기다려요.

1. 이야기 나누기

다시 오실 예수님을 만난다면 제일 먼저 하고 싶은 말은 무엇인가요?

2. 성경이야기 들려주세요

아래 장면을 성경 이야기 들은 내용의 순서에 맞게 번호를 매겨 봅시다.

3. 말씀살피기

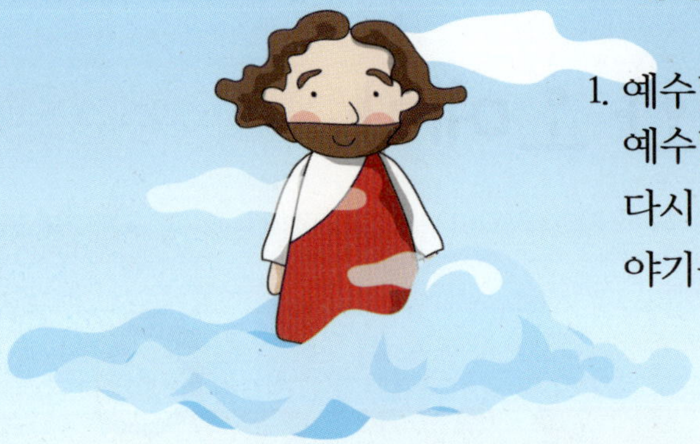

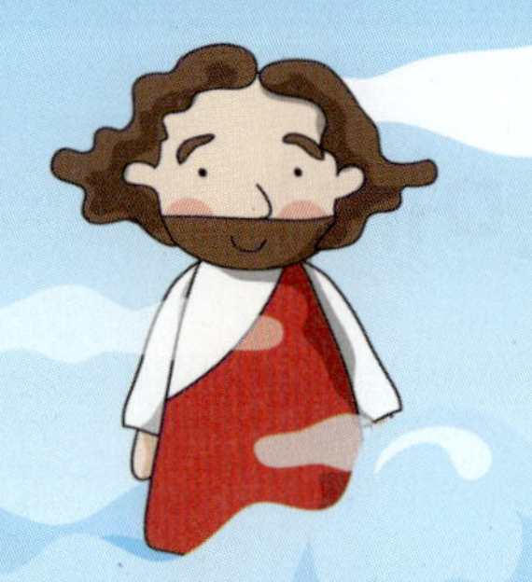

1. 예수님이 이 세상에 다시 오실 때, 모든 사람이 예수님을 볼 것이라고 했어요.
   다시 오시는 예수님을 볼 때 제일 먼저 어떤 이야기를 하고 싶은지 말풍선을 채워봅시다.

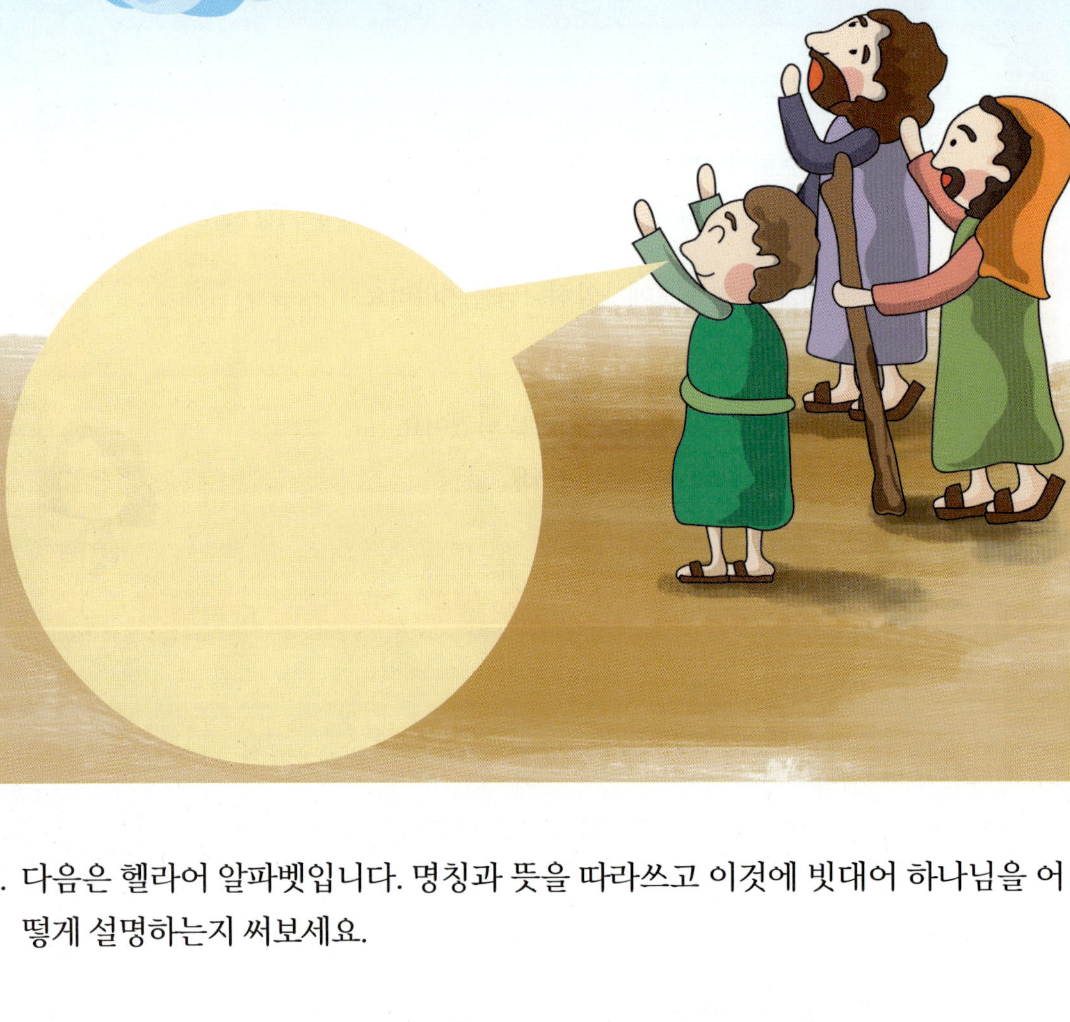

2. 다음은 헬라어 알파벳입니다. 명칭과 뜻을 따라쓰고 이것에 빗대어 하나님을 어떻게 설명하는지 써보세요.

Λ 알파　　Ω 오메가

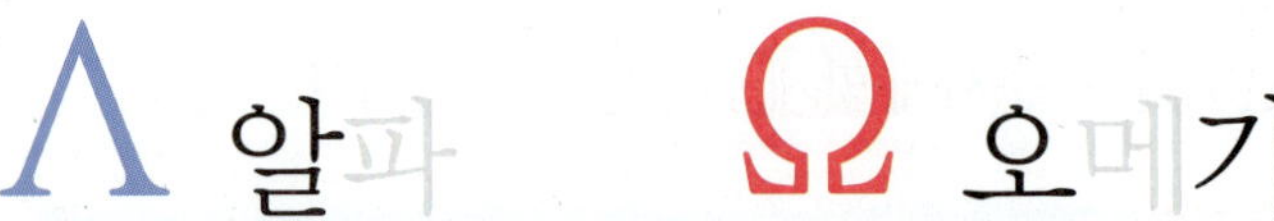

알파와 오메가는 헬라어 알파벳 첫 글자와 마지막 글자로

하나님은 ______과 ______되시는 하나님이시라는 뜻이다.

· 제조자명:크리스천리더 · 제조국명:대한민국
· 전화번호:(032)342-1979 · 제조년월:2018년 6월 1일
· 사용연령:8세~13세 · 주소:부천시 원미구 중동로 100, 아이파크상가동 301호
KC마크는 이 제품이 공통안전기준에 적합하였음을 의미합니다.
주의사항 | 3세 이하의 입에 닿지 않게 주의하세요.

ISBN 978-89-6594-250-4
ISBN 978-89-6594-228-3

정가:3,500원

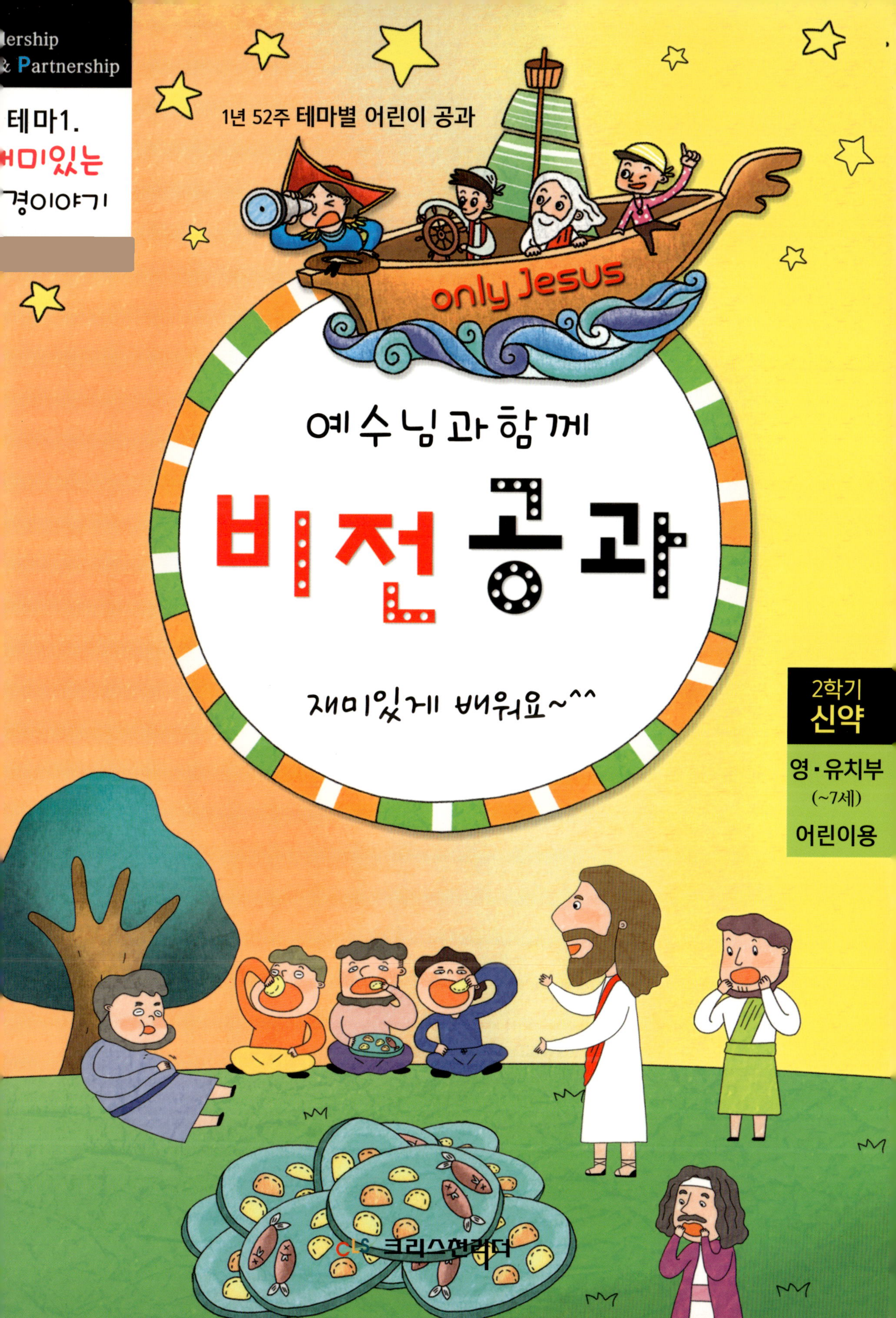

ership
& Partnership
테마1.
재미있는
경이야기
1년 52주 테마별 어린이 공과
only Jesus
예수님과 함께
비전 공과
재미있게 배워요~^^
2학기
신약
영·유치부
(~7세)
어린이용
CLS 크리스천리더